CATALOGUE

D'UNE

BELLE COLLECTION

DE

DESSINS

Par J.-J. DE BOISSIEU

ET

PAR DIFFÉRENTS MAITRES DES DIVERSES ÉCOLES

PROVENANT DE LA

Collection de M. le baron de M. *** Malausséna

DONT LA VENTE AUX ENCHÈRES PUBLIQUES AURA LIEU

HOTEL DES COMMISSAIRES-PRISEURS

Rue Drouot, nº 5

SALLE Nº 3

Les Mercredi 18, Jeudi 19 & Vendredi 20 Avril 1866

A DEUX HEURES PRÉCISES

Mᵉ DELBERGUE-CORMONT, Commissaire-Priseur,
rue de Provence, 8,

Assisté de **M. CLEMENT**, Mᵈ d'Estampes de la Bibliothèque Impériale,
rue des Saints-Pères, 3,

CHEZ LESQUELS SE DÉLIVRE LE PRÉSENT CATALOGUE

EXPOSITION PUBLIQUE

Le Mardi 17 Avril 1866, de une heure à cinq heures.

—⸺⸺—

PARIS — 1866

CONDITIONS DE LA VENTE

Elle sera faite au comptant.

Les Acquéreurs paieront, en sus des adjudications, 5 cen-
times par franc, applicables aux frais.

Les attributions de l'Amateur ont été conservées.

ORDRE DES VACATIONS

PREMIÈRE VACATION. — *Mercredi 18 Avril 1866* :

Dessins divers.................... Nᵒˢ 381 à 472
Dessins de Boissieu............. 121 à 182

DEUXIÈME VACATION. — *Jeudi 19 Avril 1866* :

Dessins divers.................... Nᵒˢ 295 à 380
Dessins de Boissieu............. 51 à 120

TROISIÈME VACATION. — *Vendredi 20 Avril 1866* :

Dessins divers.................... Nᵒˢ 183 à 291
Dessins de Boissieu............. 1 à 50

COLLECTION DE DESSINS
Par J.-J. DE BOISSIEU

0 75   **1** — Paysans jouant aux cartes dans un intérieur de chaumière.
Très-beau dessin au bistre; signé et daté de 1768.

0 66   **2** — Tonneliers dans une cave, avec une femme et trois enfants.
Très-beau dessin au bistre; signé et daté de 1767.

0 43   **3** — Le Charlatan, d'après K. Dujardin. Gravé par le maître. (Voir Rigal 140.)
Beau dessin au crayon noir.

66   **4** — Idée prise d'un très-beau tableau de Cl. Lorrain au palais Pamphile, à Rome.
Superbe dessin au bistre; signé et daté de 1766.

91   **5** — Vue prise d'après nature à Terre-Basse, en Dauphiné.
Beau dessin au lavis; signé et daté de 1772.

100   **6** — Village au bord d'une grande rivière; à droite, un chaland et son canot chargé, à gauche, sur une hauteur, des habitations.
Très-beau dessin à l'aquarelle; signé et daté de 1781.

96   **7** — Vue d'un pays; sur le milieu à droite une église, au sommet un château, à gauche un grand bâtiment, et au premier plan des figures et animaux.
Très-beau dessin au lavis; signé et daté de 1785.

8 — Vue d'un pays au bord d'une grande rivière; sur le premier plan, à droite, une vieille tour, sur le sommet, à gauche, une église entourée de maisons; du même côté, un chaland suivi de son canot.

Superbe dessin à l'encre de Chine; signé et daté de 1787. Collection Lagoy.

9 — Château sur une hauteur au bord d'une rivière où se voient des mariniers.

Très-beau dessin au lavis; signé et daté de 1789.

10 — Château dans un riche paysage, au milieu duquel se voit un calvaire.

Très-beau dessin au bistre; signé et daté de 1789.

11 — Paysage; au premier plan, quatre figures et deux chèvres.

Très-beau dessin à l'aquarelle; signé et daté d 1789.

12 — Etude des deux chèvres qui se trouvent dans le paysage précédent.

Au lavis, et avec écriture du maître indiquant les couleurs à donner à chaque chèvre.

13 — La Fontaine de Lorsière, près de Dargoire en Lyonnais.

Dessin capital à l'aquarelle; signé et daté de 1790.

14 — Vue dessinée près de l'Arbresle en Lyonnais.

Dessin capital à l'aquarelle; signé et daté de 1790. Ces deux dessins font pendant.

15 — L'Ermitage adossé à des rochers. Gravé par le maître. (Voir Rigal, 11.)

Très-beau dessin au lavis; signé et daté de 1791.

16 — Ancienne Porte de la ferme de l'île Barbe.

Beau dessin au lavis; signé et daté de 1799.

17 — Porte de la ferme de l'île Barbe; au milieu, une femme assise avec son mari et son enfant, à gauche, un homme assis à terre.

Très-beau dessin au lavis; signé et daté de 1802.

18 — Vue d'un pays au bord d'une rivière, sur le sommet à droite, un château, au premier plan, cinq figures debout.

Très-beau dessin au lavis; signé.

19 — La Cascade. Gravé par le maître, avec quelques changements. (Voir Rigal, 62.)

Très-beau dessin au lavis; signé.

20 — Vue prise à Dargoire en Lyonnais.

Très-beau dessin à l'encre de Chine.

21 — Vue de la grande Chartreuse, à Lyon.

Beau dessin à la plume lavé. Collection Th. Dimsdale.

22 — Vue du château de Bramafan, avec figures.

Beau dessin au lavis.

23 — Bâtiments au bord d'un lac.

Beau dessin au lavis.

24 — Barque en construction au bord d'une rivière; sur la gauche des ouvriers.

Beau dessin au lavis; signé.

25 — Maisons entourées de grands murs au bord d'une rivière, à droite, une femme porte un fagot de bois sur sa tête.

Beau dessin à l'aquarelle; signé.

26 — Vue d'un village au pied d'une hauteur, à droite un couvent.

Beau dessin à l'aquarelle; signé.

27 — Vue d'une ville.

Beau dessin à l'aquarelle. Ces deux dessins font pendant.

28 — Ruines romaines.

Beau dessin au lavis; signé.

29 — Dessinateur assis à terre parlant à un homme debout.

Joli dessin à l'aquarelle.

30 — Rochers; à droite deux chaumières, et à gauche, sur la hauteur, un couvent.

Beau dessin au lavis.

31 — Femme avec un enfant près la porte d'un grand mur.

Joli dessin à l'aquarelle.

32 — Roche de pierres.

Beau dessin au lavis ; signé.

33 — Grand arbre au milieu d'un paysage ; sur la droite, des murs de clôture.

Beau dessin à l'encre de Chine ; signé et daté de 1796.

34 — Étude de grands arbres.

Très-beau dessin au lavis ; signé et daté de 1798.

35 — Étude d'arbres.

Grand et beau dessin à l'aquarelle ; signé et daté de 1799.

36 — Étude de trois grands arbres.

Très-beau dessin au lavis ; signé et daté de 1799;

37 — Étude de deux grands arbres ; à droite, un homme, une femme et un enfant.

Très-beau dessin au lavis ; signé.

38 — Grand arbre au milieu d'un paysage ; à droite, un homme assis à terre le dessine.

Beau dessin au lavis.

39 — Étude de Pavots.

Très-beau dessin à l'encre de Chine ; signé et daté de 1797.

40 — Étude d'arbre mort.

Au lavis.

41 — Grande Rivière traversée par un pont de bois et sur laquelle passe une vache suivie d'un homme.

Au lavis ; signé et daté de 1774.

42 — Bâtiment de ferme ; à gauche, une porte voûtée.

Au crayon noir ; signé et daté de 1784.

43 — Vue de Pise dessinée en 1766.

Au lavis ; signé.

44 — Vue dessinée aux environs de Rome.

Au bistre ; signé et daté de 1766.

45 — Vue dessinée au bord du lac de Garde, près de
Vérone.
Au lavis; signé et daté de 1766.

46 — Fabrique aux environs de Rome.
Au bistre; signé et daté de 1766.

47 — Diverses Fabriques, dessinées aux environs de
Rome.
Au bistre; signé et daté de 1766.

48 — Ruines dessinées à Rome.
Au lavis; signé et daté de 1766.

49 — Maison dessinée à Rome en 1766.
Au lavis.

50 — Autre vue de fabriques.
Au bistre; signé et daté de 1766.

51 — Pays montagneux; au milieu, un pont traversé par
un cavalier et un homme à pied.
Au lavis; signé.

52 — Pays montagneux; au sommet, vers la droite, un
château.
Au lavis; signé.

53 — Vue de Vienne en Dauphiné.
Au lavis; signé.

54 — Fragments des Thermes de Titus.
Au bistre; signé.

55 — Paysage montagneux avec fabriques au bord d'une
rivière.
Au lavis.

56 — Barques avec figures traversant une rivière.
A l'aquarelle.

57 — Vue prise d'après nature sur les bords du Rhône.
Au lavis.

58 — Monuments dans des rochers, au bord d'une rivière
où sont des embarcations.
Au bistre.

59 — Village au bord de l'eau.
Au lavis.

60 — Grotte du Pausilippe, à Rome.
Au lavis.

61 — Paysage avec figures et animaux.
Au crayon noir, sur papier calque.

62 — Vue d'un village avec son clocher; au sommet, un château.
Au crayon noir, sur papier calque.

63 — Vue de la porte de Vaïse, à Lyon.
Au crayon noir, sur papier calque.

64 — Grand Pont avec trois arches sur une rivière; à droite, une église.
Au crayon noir.

65 — Vue dessinée sur le bord du grand chemin de la route de Lyon à Paris.
Au lavis.

66 — Montagnes du Dauphiné; sur le devant, à droite, une habitation.
Au lavis.

67 — Site montagneux.
Au lavis.

68 — Pays montagneux; à droite, un bâtiment sur une hauteur.
Au lavis.

69 — Entrée d'un bois.
Au lavis.

70 — Château et ses dépendances au milieu d'un paysage.
Au lavis.

71 — Porcher conduisant ses porcs dans un pays montagneux.
A la plume, lavé.

72 — Chaumière au milieu d'un paysage.
Au lavis.

73 — Site montagneux; au pied, une rivière.
Au lavis.

74 — Fontaines formant cascades au pied de rochers.
Au lavis.

75 — Chaumières entourées de murs.
Au lavis.

76 — Chaumières au bord d'un ruisseau.
Au bistre.

77 — Grande Chaumière.
Au lavis.

78 — Voûte au milieu d'un paysage.
Au lavis.

79 — Moulin au milieu d'un paysage.
A la plume, lavé.

80 — Cour de ferme avec un puits.
Au lavis.

81 — Cour de ferme, avec trois tonneaux à gauche.
A la plume, lavé.

82 — Grande Chaumière.
Au lavis.

83 — Diverses Fabriques dessinées aux environs de Rome.
Au lavis.

84 — Fabrique dessinée aux environs de Rome.
Au bistre.

85 — Bâtiments sur des rochers au bord d'une rivière.
Au lavis.

86 — Bâtiments sur une hauteur.
Au lavis.

87 — Vue prise à Lavaure.
Au lavis.

88 — Village sur une hauteur.
Au bistre.

89 — Arbres près d'une rivière.
Au lavis.

90 — Pont en ruine au milieu d'un paysage.
Au lavis.

91 — Vue d'un couvent au pied d'une montagne.
Au lavis.

92 — Pays montagneux.
Au lavis.

93 — Vue prise dans les environs de Rome.
Au bistre.

94 — Vue prise aux environs de Rome.
Au lavis.

95 — Vue de la Duchère sur les bords de la Saône, près de Lyon.
Au lavis.

96 — Vue prise sur la route de Capoue à Naples.
Au lavis.

97 — Vue du château de Madrid, au bois de Boulogne.
Au lavis.

98 — Vue dessinée au bord du lac Majeur.
Au lavis.

99 — Chaumières au milieu d'arbres.
A la plume, lavé.

100 — Vue dessinée au bord de la Melfe, sur la route de Rome à Naples.
Au lavis.

101 — Vue aux environs de Naples.
Au lavis.

102 — Étude de chaumière.
A la plume, lavé.

103 — Fragments des Thermes de Dioclétien, à Rome.
Au lavis.

104 — Vue d'un château.
Au lavis.

105 — Vue prise sur la route de Naples.
Au lavis.

106 — Tour en ruine dans les environs de Rome.
Au bistre.

107 — Vues de fabriques dans les environs de Rome.
Au bistre.

108 — Vue de Monte-Fiascone.
Au lavis.

109 — Colonne antique.
Au lavis.

110 — Fontaine dans des rochers.
Au lavis.

111 — Vue du château de Bully.
Au lavis.

112 — Rochers garnis de petites plantes.
A l'aquarelle.

113 — Rochers garnis d'arbres.
Au lavis.

114 — Rivière chargée de barques.
A l'aquarelle.

115 — Portrait de la gouvernante de M. de Boissieu, jouant
du clavecin.
Joli dessin aux trois crayons, sur vélin ; signé et daté de 1773.

116 — Portrait d'homme coiffé d'un chapeau.
Très-beau dessin au crayon noir, lavé ; signé et daté de 1781.

117 — Chasseur assis vu de dos.
A la plume, lavé.

118 — Jeune garçon, coiffé d'un chapeau, appuyé.
Au lavis.

119 — Homme assis à terre.
A la plume, lavé.

120 — Mendiant appuyé sur son bâton.
A la plume, lavé de bistre.

121 — Homme debout vu de profil.
A la plume, lavé de bistre.

122 — Vieille femme riant.
Croquis au lavis.

123 — Portrait d'un idiot de Terbasse en Dauphiné.
Au lavis.

124 — Vieillard coiffé d'une calotte.
A la plume, lavé, sur papier calque.

125 — Tête de vieillard dormant.
Très-beau dessin au lavis.

126 — Tête d'homme vue de face.
Aux trois crayons.

127 — Homme tenant par la bride un cheval chargé.
Au bistre.

128 — Tonneliers dans une cave.
Au bistre, non achevé.

129 — Académies de deux hommes nus; derrière eux, M. de
Boissieu en pied tenant une feuille de papier.
Beau dessin à la plume, lavé et rehaussé, sur papier calque.

130 — Buste de vieillard à grande barbe.
Très-belle étude aux trois crayons; signé.

131 — Buste de vieillard vu de face.
Belle étude au crayon noir, rehaussé de blanc.

132 — Famille assise dans un parc.
Étude à la mine de plomb, sur papier calque.

133 — Homme assis appuyé.
Au lavis.

134 — Homme à cheval.
Au lavis.

135 — Femme italienne avec son enfant.
Au bistre.

136 — Femme trayant une vache.
Au lavis, sur papier calque.

137 — Paysanne italienne avec son enfant.
Au bistre.

138 — Femme suivie d'un enfant.
Croquis à la plume.

139 — Étude de trois vieilles femmes, dont une est assise.
A la plume.

140 — Étude de quatre tonneliers.
A la plume, lavé.

141 — Croquis de huit figures.
Au lavis.

142 — Vieille Femme courbée conduisant un enfant.
A la plume, lavé.

143 — Étude d'hommes et femmes âgées.
A la plume, lavé.

144 — Deux Figures d'hommes et un militaire.
Croquis à la plume.

145 — Études d'une tête de vieille femme et d'un jeune garçon dormant.
A la mine de plomb, sur papier calque.

146 — Études d'un vieillard et d'un enfant.
A la mine de plomb et au lavis.

147 — Deux Vieillards, l'un est debout et l'autre assis.
Deux dessins au bistre.

148 — Homme se chaussant. — Homme assis coiffé d'un chapeau.
Au lavis.

149 — Homme et Femme assis. — Femme étendant du linge.
Trois dessins au bistre et au lavis.

150 — Quatre Études, demi-figures et têtes. Gravé par le maître. (Voir Rigal, 107.)
Au lavis, sur papier calque.

151 — Douze études de têtes; parmi, celle d'un homme auquel on va faire la barbe. Gravé par le maître. (Voir Rigal, 112.)

Au lavis, sur papier calque.

152 — Onze études d'hommes, femmes, enfants et un chien.

A la plume.

153 — Seize études d'hommes, femmes, enfants et d'un chien.

A la plume, lavé.

154 — Douze études d'hommes, femmes, enfants, deux vaches et un âne.

A la plume, lavé.

155 — Onze études de figures d'hommes, femmes et enfants.

A la plume, lavé.

156 — Seize études de figures d'hommes, femmes et enfants.

A la plume, lavé.

157 — Six études d'hommes et griffonnements.

A la mine de plomb.

158 — Cinq études de figures et paysage.

A la mine de plomb, sur papier calque.

159 — Dix feuilles d'études et griffonnements.

A la plume, sera divisé.

160 — Cheval harnaché.

A la mine de plomb, sur papier calque.

161 — Vache traversant une rivière où elle s'abreuve.

Au lavis.

162 — Vache debout.

Au lavis.

163 — Âne couché.

A la mine de plomb.

164 — Études d'ânes.

Au lavis.

165 — Étude de chevaux et figures.

Au bistre.

166 — Études de mendiants hommes et femmes.

Trois dessins au lavis.

BOISSIEU (Attribué à J.-J. DE)

167 — La Leçon de botanique. Gravé à l'eau-forte par le maître.

Au lavis.

168 — Les Charlatans, d'après K. Dujardin.

Au crayon noir.

169 — Pâtre jouant du flageolet près d'une bergère qui garde des chèvres, d'après Cl. Lorrain. Gravé par le maître. (Voir Rigal, 142.)

Beau dessin au lavis; signé et daté de 1797.

170 — Deux Femmes et un jeune Garçon près d'un lavoir où coulent les eaux d'une fontaine, d'après N. Poussin. Gravé par le maître. (Voir Rigal, 141.)

Beau dessin au lavis; signé et daté de 1801.

171 — Vue d'un village au bord d'une rivière; à droite, sur une petite barque, une femme pêche à la ligne.

Beau dessin au lavis; signé.

172 — Paysage; à droite, une chaumière; à gauche, deux grands arbres secs.

Beau dessin au lavis.

173 — Paysage au bord d'une rivière; au milieu, un pont de pierre; à gauche deux grands arbres.

Beau dessin au lavis.

174 — Eglise de village au milieu d'un paysage près d'une rivière traversée d'un petit pont de pierres; à droite, des bâtiments de ferme.

Beau dessin au lavis.

175 — Paysage; sur le premier plan, un champ de blé avec un faucheur; au milieu, une maison avec une grosse tour.

Beau dessin au lavis.

176 — Grand arbre au miliéu d'un paysage; à droite, un berger joue de la musette devant une femme assise.

Beau dessin au lavis.

177 — Le Pont de pierre. Composition dans le goût de Both.

Au lavis, sur papier calque.

178 — Maison de campagne entourée de murs; à droite, sur le premier plan, trois hommes et une femme.

A l'aquarelle.

179 — La même composition.

Au lavis, sur papier calque.

180 — Deux hommes assis sur un gros rouleau de bois; derrière eux, deux autres hommes debout. Composition pour les Joueurs de boule.

Beau dessin au lavis.

181 — Vieillard vu presque de face, un bonnet sur la téte. Gravé par le maître (voir Rigal, 103.)

A la plume, lavé.

182 — Vieillard assis et dormant vu à mi-corps.

Au lavis, sur papier calque.

DESSINS ANCIENS

ALBANO (F.)

183 — Études d'anges.
Deux croquis à la plume.

ALLEGRI (Antonio), dit LE CORRÈGE

184 — Trois têtes d'enfants sur la même feuille.
Superbe dessin au crayon noir, rehaussé de blanc, sur papier de couleur. Collection J. Dupan.

185 — Têtes d'anges.
Deux études aux trois crayons.

186 — Hercule près d'Omphale.
A la sanguine.

187 — Deux têtes d'hommes.
Aux trois crayons.

BACKUYSEN (L.)

188 — Marine avec navires remplis de personnages.
Dessin capital à la plume, lavé; au haut est une inscription de deux lignes en hollandais.

189 — Marine; dans le fond à gauche, l'on voit une grande maison.
A la plume, lavé.

190 — Bâtiment avec ses voiles au milieu de la mer.
A la plume, lavé.

191 — Navire avec ses voiles.
A la plume, lavé.

192 — Marine, par un temps orageux.
A la plume, lavé à l'encre de Chine.

BARBIERI (Fr.), dit LE GUERCHIN

193 — David vainqueur de Goliath; il est suivi de quatre jeunes chanteurs.
Beau dessin à la plume, lavé de bistre. Collection Robert Dumesnil.

194 — Sibylle méditant.
Très-beau dessin à la plume, lavé de bistre ; il est gravé par Bartolozzi.
Collection W. Esdaile.

195 — Jésus au milieu des docteurs.
Beau dessin à la plume, lavé de bistre.

196 — Sainte Madeleine en prière.
Beau dessin à la sanguine.

197 — Saint Paul lisant.
A la plume, lavé de bistre. Collection Jules Dupan.

198 — La Vierge et l'Enfant Jésus.
Charmant croquis à la plume.

199 — La Vierge et l'Enfant Jésus.
A la plume.

200 — Jeune homme tenant un oiseau sur sa main.
A la sanguine.

201 — Portrait d'Annibal Carrache en caricature.
Curieux dessin à la plume. Collections R. Udson et W. Esdaile.

202 — Buste de jeune gentilhomme coiffé d'une toque ornée d'un plumet.
Beau dessin à la plume, lavé de bistre.

203 — Joseph et Putiphar.
A la plume et au bistre.

204 — Jeune homme à mi-corps.
A la plume et au bistre,

205 — Jeune guerrier coiffé d'un casque.
A la sanguine.

206 — Buste d'homme à mi-corps.
A la sanguine.

207 — Bustes d'hommes.
Deux dessins à la plume.

208 — Deux figures d'apôtres ; jeune homme à mi-corps ; homme versant à boire à deux guerriers.
Quatre croquis à la plume.

209 — Deux grands paysages animés de figures.
A ia plume, un provient de W. Esdaile.

210 — Paysages ornés de figures.
Trois dessins à la plume et au bistre.

BAROCHE (Frédéric)

211 — Tête d'enfant endormi.
Joli dessin au crayon noir et à la sanguine.

BELLA (Stephano Della)

212 — Troupeau en marche; homme monté sur un éléphant.
Trois dessins à la plume.

213 — Études de figures jeunes et âgées.
Quinze petits dessins à la plume, montés sur deux feuilles.

BERAIN

213 bis — Costume de théâtre.

BERGHEM (Nicolas)

214 — Animaux et figures dans un paysage.
Au lavis

215 — Paysages avec figures et animaux. —
A la pierre noire, lavé d'aquarelle. —

216 — Étude d'arbres.
A la sanguine.

217 — Pâtre sur un cheval parlant à un autre pâtre à pied.
Au crayon noir.

218 — Bergère et son troupeau prêts à passer un gué,
A la sanguine.

219 — Trois études sur papier calque.

220 — Études d'animaux.
Trois croquis à la sanguine.

221 — Études de moutons.
Trois croquis au crayon noir.

BERANGER

222 — Études d'une tête de bélier et d'un chien couché.
Deux dessins à l'aquarelle.

BIBIENA

223 — Décorations architecturales.
Deux dessins à la plume.

BOSCOLI (Andrea)

224 — Clorinde et Tancrède.
A la plume, lavé de bistre.

BOTH (Jean)

225 — Paysage traversé d'une rivière surmontée d'un petit
pont de bois.
Très-beau dessin à la plume, lavé à l'encre de Chine, Collections Gole
et W. Esdaile.

226 — Paysage avec figures.
A l'encre de Chine.

BOUCHER (François)

227 — Femme nue couchée.
Très-beau dessin aux trois crayons, sur papier bleu.

228 — Jeune garçon pêchant.
A la plume, lavé de bistre.

BRACKENBURG

229 — Danse de paysans.
A la plume.

BUONAROTTI (Michel-Ange)

230 — Le Christ mort sur les genoux de la Vierge.
Très-beau dessin à la plume, lavé.

231 — Tête d'homme.
A la plume, lavé.

232 — Étude d'hommes couchés.
Croquis à la sanguine et à la pierre noire.

CAMBIASI (Lucas)

233 — Adonis mourant entre les bras de Vénus. Bas-relief
d'amours.
Deux dessins à la plume, lavés.

CARAVAGE (POLIDORE DE)

234 — Clélie traversant le Tibre.
Beau dessin à la plume, rehaussé de blanc.

235 — Vase antique décoré de sujets mythologiques.
A la plume, lavé.

236 — Vase dans le goût antique, gravé par Ch. Alberti.
Cinq dessins à la plume, lavés à l'encre de Chine.

237 — ~~Six~~ dessins de vases d'orfévrerie.
A la plume, lavés d'indigo.

238 — Vases d'orfèvrerie.
Quatre dessins à la plume.

CARRACHE (LOUIS)

239 — Apothéose d'un saint.
A la plume, lavé à l'encre de Chine.

240 — Support de table. — Tombeau d'un évêque. — Panneau avec trois niches garnies de figures.
Trois dessins à la plume.

CARRACHE (AUGUSTIN)

241 — Latone métamorphosant les paysans en grenouilles.
A la plume, lavé d'encre de Chine. Collection Denon.

242 — La Vierge sur les nues; décoration pour un autel. Études de figures.
Trois dessins à la plume.

243 — Assomption de la Vierge.
A la plume.

244 — Hercule tuant Cacus.
A la plume, lavé de bistre.

CARRACHE (ANNIBAL)

245 — Miroir entouré d'ornements.
Beau dessin au bistre, rehaussé de blanc.

246 — Rinceau d'ornement.
A la plume.

247 — Paysages ornés de fabriques.
Quatre dessins à la plume.

248 — Gaîne surmontée d'un vase, entourée de festons et
figures.

Au bistre.

CASTIGLIONE (J.-B.)

249 — Vierge avec l'enfant Jésus sur des nues.

A l'aquarelle.

250 — Noé faisant entrer les animaux dans l'arche.

Deux différentes compositions à l'aquarelle.

251 — Moine en extase. — Femme filant.

Deux dessins au lavis.

CELLINI (Benvenuto)

252 — Poignée d'épée enrichie de pierres fines.

A l'aquarelle.

253 — Autre poignée d'épée garnie de pierres précieuses.

A l'aquarelle.

254 — Ornements d'orfévrerie.

A la plume.

CHAMPAGNE (Ph. de)

255 — Le Christ mort.

A la plume, lavé.

CHARDIN (J.-B.-S.)

256 — Tête de femme coiffée d'un bonnet.

Au bistre, rehaussé.

CHARLET (J.-T.)

257 — Chiens habillés.

Au crayon noir.

CHATELET

258 — Vue générale de l'Etna, prise des ruines du théâtre
de Taorminum.

A l'aquarelle.

259 — Vue d'une rampe taillée dans les laves de l'Etna.

A l'aquarelle.

CLERGET

260 — Vue d'une rue animée de figures.

A l'aquarelle.

261 — Maisons au bord de l'eau.
A l'aquarelle.

COURTOIS (JACQUES), dit LE BOURGUIGNON
262 — Combats de cavaliers.
Beau dessin au bistre.

263 — Autre combat de cavaliers.
A la plume, lavé.

CUYP (ALBERT)
264 — Paysage, sur la droite deux cavaliers faisant halte.
Au lavis.

265 — Berger assis.
Croquis à la pierre noire.

266 — Marine.
A l'encre de Chine.

DAVID (LOUIS)
267 — L'Enlèvement des Sabines.
Dessin capital à la plume, lavé de bistre, signé du maître.

DECAMPS (G.)
268 — Deux Turcs près d'un âne.
Joli dessin à l'aquarelle.

DEMARNE (J.-L.)
269 — Troupeau en marche. — Croquis.
Trois dessins à l'encre de Chine et à la plume.

DUNOUY
270 — Maison rustique à Rome. — Trophée de Marius à Rome.
Deux dessin à l'aquarelle.

271 — Arène de Nismes. — Murs de Rome.
Deux dessins à l'encre de Chine.

272 — Vues prises dans la campagne de Rome.
Trois dessins au bistre.

DESFRICHES
273 — Paysage animé de figures.
Joli dessin à la plume, signé.

DESPORTES (F.)

274 — Chien aboyant.
Au crayon noir, lavé.

DUJARDIN (KAREL)

275 — Le bœuf debout et le veau couché.
A la plume, lavé.

276 — Étude d'âne.
Au lavis.

DURER (ALBERT)

277 — Sainte Famille.
A la plume, lavé de bistre.

ÉCOLE FLAMANDE

278 — La Vierge et l'Enfant Jésus.
A la plume, lavé.

FRANCO (BAPTISTA)

279 — Études du Christ.
Croquis à la plume.

FYT (J.)

280 — Coquillages.
A l'encre de Chine et à la sanguine.

GANDOLFI (G.)

281 — Études de tête.
A la plume.

GAROFALO

282 — La Vierge lisant.
Au bistre.

GASPRE POUSSIN

283 — Monuments antiques dans la campagne de Rome.
A la plume, lavé à l'encre de Chine.

GELLÉE (CLAUDE), dit LE LORRAIN

284 — Paysage au bord d'une rivière.
A la plume, lavé à l'encre de Chine.

285 — Autre paysage traversé par une rivière.
A la plume, lavé à l'encre de Chine.
Ces deux beaux dessins font pendant.

286 — Vue de la campagne de Rome ; sur la gauche, un pont à deux arches.

Magnifique dessin à la plume, lavé de bistre. Collection Mariette.

287 — Paysage dans les environs de Naples.

Beau dessin de forme ronde, à l'encre de Chine, rehaussé de blanc.

288 — Paysage ; sur le milieu un grand pont.

Très-beau dessin à la plume, lavé à l'encre de Chine.

289 — Barques sur l'eau.

A la plume, lavé de bistre.

290 — Rivière traversée d'un grand pont ; dans le fond, à droite, on aperçoit Saint-Pierre-de-Rome.

A la plume, lavé à l'encre de Chine.

291 — Paysage dans les environs de Rome.

A la plume, lavé au bistre.

292 — Paysage montagneux.

A la plume, lavé à l'encre de Chine.

293 — Paysage ; sur le premier plan, à gauche, une grande chaumière.

A la plume, lavé.

294 — Site agreste.

Au bistre.

GENNARI

295 — Buste de femme, vue de profil.

A la plume.

GÉRARD (F.)

296 — Napoléon à cheval.

Au bistre.

GILLOT (C.)

297 — Vue d'une jetée avec embarcation.

A la plume, lavé.

GOOTZ

298 — Tête d'homme coiffé d'un casque,

A la plume.

GOYA (FRANCESCO)

299 — Sujet de l'Inquisition.

A la sépia.

GOYEN (Jean Van)

300 — Les marchands de poissons.

A la pierre noire; signé et daté 1652.

301 — Pêcheurs au bord de l'eau.

A la pierre noire, signé et daté 1651.

GREUZE (J.-B.)

302 — Jeune Fille à mi-corps, la tête appuyée dans sa main.

Gravé à la sanguine par Rosalie Hemery.

Superbe dessin à la sanguine.

303 — Tête d'homme d'après l'antique.

Beau dessin à la sanguine.

GRIMALDI (Francesco), dit LE BOLOGNESE

304 — Pêcheurs sur un petit îlot, près de leurs barques.

A la plume, lavé de bistre et rehaussé de blanc.

305 — Trois paysages avec ruines et monuments. — Repos en Égypte.

Quatre dessins à la plume.

GUÉRIN (Pierre)

306 — Jésus guérissant le paralytique.

Très-beau dessin à l'encre de Chine, rehaussé de blanc.

HACKERT (Ph.)

307 — Vue de la côte de Pausilipe, à Naples.

A l'aquarelle.

HENSTENBURG (H.)

308 — Fleurs et coquillages.

A l'aquarelle sur vélin.

HIMPOL (Art.)

309 — Deux paysages.

A la plume, lavée à l'encre de Chine.

HOBBEMA (M.)

310 — Grand paysage avec chaumières, figures et animaux.

Au lavis.

311 — Autre paysage avec chaumières.

Au lavis.

HOUEL

312 — Deux Femmes coiffées d'une cornette, assises.

A l'encre de Chine.

HUET (J.-B.)

313 — Étude de chardons.

Beau dessin à la pierre noire, sur papier bleu ; signé et daté 1768.

314 — Étude d'arbres.

Beau dessin à la sanguine ; signé et daté 1772.

315 — Étude de têtes de moutons.

A la plume, lavé ; signé et daté 1772.

316 — Étude de têtes de moutons.

Deux dessins à la plume, lavés ; signés et datés 1772.

317 — Études de moutons.

Trois dessins à la plume, lavés ; signés et datés 1772.

HUYSUM (Jean Van)

318 — Groupe de fruits.

A la plume, lavé d'encre de Chine.

319 — Autre groupe de fruits.

A la plume, lavé d'encre de Chine.

JORDAENS (Jacques)

320 — Études de têtes de satyres. — Fuite en Égypte.

Deux dessins à la plume.

JOUVENET (Jean)

321 — Étude de mains.

A la sanguine, rehaussé.

LEZZORE (E.)

322 — Jeune Femme en costume Louis XVI. — Jeune paysanne. — Femme tenant un enfant.

Trois dessins à la plume, lavés.

LESUEUR (Eustache)

323 — Saint Bruno prêchant devant un évêque.

Au lavis.

MALBERTE

324 — Tête de jeune garçon.

A l'aquarelle, signé.

MARATTE (Carle)

325 — Saint Jean prêchant dans le désert.
Beau dessin à l'encre de Chine.

MAZZUOLI (Francesco), dit LE PARMESAN

326 — Deux études de la Vierge avec l'Enfant Jésus sur la même feuille.
Très-beau dessin à la plume.

327 — La Vierge avec l'Enfant Jésus, entourés de saints et saintes. Composition gravée par L. Daven.
Beau dessin à la plume.

328 — Diane de retour de la chasse.
Beau dessin à la plume, lavé de bistre et rehaussé de blanc.

329 — Guerriers debout.
Beau dessin à la plume, lavé de bistre et rehaussé de blanc.

330 — Trois figures de femmes à mi-corps.
Très-beau dessin à la plume, lavé et rehaussé.

331 — Femme portant un vase sur sa tête.
Beau dessin à la plume.

332 — Sujet mythologique de forme octogone.
Joli dessin à la plume.

333 — Vénus et les Amours.
A la plume, lavé de bistre.

334 — Vénus désarmant l'Amour.
Charmant croquis à la plume.

335 — Deux Satyres combattant.
Beau croquis à la plume, lavé.

336 — Tête de Moïse. — L'Enfant Jésus assis.
Deux dessins à la plume.

337 — Études de figures.
Joli dessin à la plume.

MICHEL

238 — Paysage avec chaumières. — Moulin à vent au milieu d'un paysage.
Deux dessins à la pierre noire, lavés.

MIERIS (W.)

339 — Buste de femme.
Au crayon noir.

MILANI (A.)

340 — La Charité.
A crayon noir, lavé à l'encre de Chine.

MITELLI (Aug.)

341 — Miroir entouré d'ornements.
A la plume.

MILATZ (F.-A.)

342 — Étude d'arbre.
Au lavis.

MOUCHERON (F.)

343 — Bergers gardant leur troupeau dans la campagne de Rome.
Très-beau dessin à l'aquarelle.

344 — Vues prises dans les environs de Rome.
Deux jolis dessins à l'aquarelle.

MURILLO (B.-E.)

345 — Jeune Garçon assis, surpris par une vieille femme.
Au bistre.

NEER (Jean Van der)

346 — Vue d'un Port de mer par un clair de lune.
A l'encre de Chine.

NICOLLE

347 — Paysage avec chaumière.
A l'aquarelle.

348 — Études de vaches.
Deux dessins à la plume, lavés.

NOVELLI (P.-A.)

349 — Sainte Anne faisant lire la Vierge.
A la plume, lavé d'encre de Chine et rehaussé.

350 — Sujet mythologique.
A la plume, lavé et rehaussé.

351 — Composition pour les deux Vieillards apercevant Suzanne au bain. — Jeune femme regardant à travers ses doigts.

Deux dessins à la plume, lavés.

OSTADE (ADRIEN VAN)

352 — Les Joueurs de tric-trac à la porte d'un cabaret; composition de dix figures.

Très-beau dessin à la plume, lavé à l'encre de Chine.

353 — La Fête sous la treille, composition connue par l'eau-forte du maître qui y est jointe.

Beau dessin à la plume, lavé.

354 — Le Violon et le Vielleur devant des paysans.

A la plume, lavé.

355 — Paysan assis, les mains jointes.

Joli dessin à la plume, lavé.

356 — Paysan debout, tenant un pot. — Paysan assis, tenant une cruche.

Deux croquis à la plume, lavés.

357 — Vieux Paysan accompagné d'un enfant marchant. — Paysans allant au marché.

Deux croquis à la plume, lavés.

358 — Homme buvant dans une cruche. — Paysan qui pisse. — Le marchand de Beignets.

Trois jolis croquis à la plume, lavés.

PALMA (J.)

359 — Jésus célébrant la Cène.

Beau dessin à la plume, lavé de bistre. Collection Denon.

360 — La mort d'Adonis.

A la plume, lavé et rehaussé.

361 — Joseph et la femme de Putiphar.

Joli croquis à la plume, lavé.

362 — Portrait d'homme. — Femme en prière. — Cavaliers.

Trois croquis à la plume.

PANNINI (J.)

363 — Jeunes Femmes près de ruines.
A la plume, lavé à l'encre de Chine.

364 — Projet de monument avec façade.
A la plume.

365 — Deux intérieurs de monuments richement ornementés.
A la plume, lavés à l'encre de Chine et au bistre.

PARROCEL (J.)

366 — Trois croquis à la plume.

PERCIER

367 — Poignée d'épée.
Joli dessin à la plume lavé.

PIOMBO (Sébastien del)

368 — Jésus ressuscité.
Beau dessin à la plume, lavé de sanguine.

PONTORMO (Jacopo)

369 — Saints en prière aux pieds de la Vierge.
Très-beau dessin à l'encre de Chine, rehaussé de blanc.

POTTER (Paul)

370 — Cheval debout.
Au crayon noir.

POUSSIN (Nicolas)

371 — Offrande à Priape.
Très-beau dessin de forme ronde, à la plume lavé de bistre.

372 — Deux bas-reliefs d'après l'antique de la villa Borghèse.
Beaux dessins à la plume, lavés à l'encre de Chine.

373 — Moïse sauvé des eaux.
Croquis de forme ronde à la plume, lavé.

374 — Femme assise.
A la plume, lavé.

375 — Enée sauvant son père.
A la plume, lavé.

376 — L'Enlèvement des Sabines.
A la plume, lavé à l'encre de Chine.

377 — Cléopâtre mourant de la piqûre d'un aspic.
Dessin de forme ronde à la plume, lavé.

378 — Étude de femme nue.
Au crayon noir, lavé.

379 — Sujet mythologique.
A l'encre de Chine, rehaussé de blanc.

380 — Vase d'après l'antique.
A la plume, lavé.

PROUT (J.)

381 — Palais au bord de l'eau.
Très-beau dessin à l'aquarelle.

382 — Vue prise à Beauvais.
A l'aquarelle.

PRUDHON (P.-P.)

383 — Tête d'homme dans l'attitude de la douleur.
Très-belle étude au crayon noir, rehaussé de blanc sur papier de couleur,

RAIMONDI (Marc-Antoine)

384 — Étude de la partie du milieu de la composition du Massacre des Innocents, d'après Raphaël.
Au crayon noir.

REDOUTÉ (J.-E.)

385 — Rose trémière.
A l'aquarelle, sur vélin.

386 — Giroflée double.
A l'aquarelle.

REMBRANDT (Van Rhyn)

387 — Paysage avec chaumières au bord d'une rivière.
A la plume, lavé de bistre.

388 — Abraham et Sara.
Croquis à la plume.

389 — Trois croquis.
A la plume.

RENI (GUIDO)

390 — Allégorie.
Très-beau dessin à la plume, lavé. Collection Borduge.

391 — Le Christ descendu de la croix, soutenu par la Vierge entourée de saints.
A la plume, lavé.

392 — Femme suppliante à genoux aux pieds de ses juges.
A la plume, lavé.

393 — Tête de femme.
A la sanguine.

ROBERT (HUBERT)

394 — Fontaine devant un monument.
A l'aquarelle.

BOMAIN (JULES)

395 — Figure drapée.
Au bistre.

ROOS (JEAN-HENRY)

396 — Femme avec son enfant assis à terre regardant un jeune garçon qui fait danser une chèvre.
A la sanguine et à l'encre de Chine.

397 — Paysan debout, sur un escalier, vu de dos.
A la pierre noire et au bistre.

ROSA (SALVATOR)

398 — Homme debout méditant sur une tête de mort.
A la plume, lavé. Collection J. Dupan.

399 — Cavalier renversé.
A la plume, lavé.

RUBENS (PIERRE-PAUL)

400 — Étude pour la tête du Laocoon.
Belle esquisse sur papier.

401 — Lion rugissant.
Beau dessin aux trois crayons.

RUYSDAEL (JACQUES)

402 — Étude d'arbre.
A la pierre noire, lavé.

403 — Paysage avec chaumières.
Au lavis.

404 — Chaumières.
A la pierre noire, lavé.

405 — Bouquet de bois.
A la pierre noire, lavé.

SAINT-AUBIN (A. DE)

406 — Études de têtes de jeunes homme et femme.
Charmant dessin au crayon noir, un peu lavé d'aquarelle.

407 — Jeune Femme à mi-corps.
Charmant dessin au crayon noir, un peu lavé d'aquarelle.

SANZIO (RAPHAEL)

408 — Les saintes Femmes en prière.
Superbe dessin à la plume. Collection John Bernard.

409 — La Vierge évanouie entourée des saintes Femmes et
de saint Jean. Gravé par Scacciati.
Beau dessin à la plume lavé de bistre.

410 — L'Enlèvement des Sabines.
A la plume. Collection de sir Josua Reynolds.

411 — Figure drapée, à genoux, les mains élevées.
Beau dessin à la sanguine, rehaussé de blanc.

SANZIO (Attribué à RAPHAEL)

412 — Figure de femme drapée.
Beau croquis à la sanguine.

413 — Académie de jeune homme, les mains élevées et vu
de dos.
A la pierre noire, sur papier de couleur.

414 — Les trois déesses Junon, Cérès et Psyché.
A la sanguine.

415 — Combat de guerriers.
A la plume, lavé.

416 — Étude de mains.
A la sanguine.

417 — Deux Femmes debout près d'un vase. Rinceau d'ornement.

Deux croquis à la plume.

418 — Deux études de femmes dont l'une tient une urne à
la main.

A la sanguine.

RAPHAEL (École de)

419 — La Nativité de la Vierge.

Très-beau dessin au bistre, rehaussé de blanc.

SARTO (ANDREA DEL)

420 — La Vierge et l'Enfant Jésus.

A la plume, lavé de bistre et rehaussé de blanc.

421 — La Vierge assise tenant l'Enfant Jésus.

A la plume, lavé de bistre.

422 — Homme drapé.

A la plume, lavé de bistre.

SILVESTRE (Is.)

423 — Vue prise à Rome.

A la plume.

SNYDERS (Fn.)

424 — Étude de lions.

Beau dessin à la sanguine.

STEEN (JEAN)

425 — Une Femme debout regardant trois buveurs.

Beau dessin au crayon noir.

426 — Le Portrait du Maître et Marguerite Van Goyen, sa
femme.

Joli dessin à la mine de plomb, sur vélin.

STOCKWISCH

427 — Etudes de vaches.

Deux croquis à la pierre noire.

TENIERS (DAVID)

728 — Vue d'un village; sur le premier plan, deux hommes
causent ensemble.

Au crayon noir, lavé.

TIEPOLO (J.-B)

429 — Six études de têtes de femmes sur deux feuilles.
A l'huile sur papier.

430 — Moine assis dans un paysage et lisant.
A la plume et au bistre. Collection W. Esdaile.

431 — Épisode de peste.
A la plume, lavé.

432 — Deux chars richement ornementés.
A la plume, lavés de bistre.

433 — Étude de chevaux. — Buste de vieillard. — Satyres couchés. — Mascarons.
Quatre dessins à la plume.

TONNEMAIN

434 — La Peinture, l'Architecture et la Sculpture représentées par trois femmes nues.
A la plume. Collection J. Dupan.

UDEN (Lucas Van)

435 — Paysage avec fabriques.
A l'aquarelle.

436 — Étude d'arbres.
A l'aquarelle.

UDINE (Jean d')

437 — Deux petits vases. — Arabesque, trophée.
Quatre charmants dessins à la plume et à la sanguine.

ULFT (J. Van der)

438 — Vue d'une place avec monuments, animée d'un grand nombre de figures.
Beau dessin à la plume, lavé; signé et daté de 1664.

439 — Autre Vue d'une place avec monuments, animée d'un grand nombre de figures.
A la plume, lavé; signé et daté de 1664.

VAGA (Perino del)

440 — Sainte Famille.
A la plume, lavé de bistre.

441 — Deux dessins de vases.
Charmants dessins à la plume, lavés à l'encre de Chine.

VAROTARI (Ant.)

442 — Vénus et les Amours.
Au bistre.

VECELLI (Tiziano)

443 — Étude d'animal.
A la plume.

VELDE (A. Van de)

444 — Deux petits Paysages avec figures.
A la plume, lavé.

445 — Petite Marine.
A la plume, lavé.

VELDE (W. Van de)

446 — Navire avec ses mâts.
Joli croquis à la plume, lavé.

447 — Marines.
Dix dessins à la plume, lavés au bistre et à l'encre de Chine. Sera divisé.

VERSCHURING

448 — Troupeau d'animaux dans un paysage.
A l'encre de Chine et au bistre.

449 — Cheval que l'on ferre devant la porte du maréchal-ferrant.
A la plume, lavé.

450 — Cheval à l'abreuvoir.
Au lavis.

451 — Femme à cheval; devant elle, un chasseur.
Au lavis.

452 — Intérieur d'une cuisine.
Au lavis.

VINCI (Leonardo da)

453 — Études pour une sainte Famille, tête d'homme, animaux.
Superbes croquis à la plume.

454 — Tête de Femme.

Beau dessin au crayon noir, lavé et rehaussé.

455 — Tête de la Vierge.

Au crayon noir.

VOLTERRE (Daniel de)

456 — Tête de jeune Femme.

A la sanguine.

WATERLOO (Ant.)

457 — Bois au bord d'une rivière.

A la pierre noire.

WATTEAU (Antoine)

458 — Homme debout coiffé d'un chapeau; il est vu de dos et regarde de profil.

Très-beau dessin à la pierre noire et à la sanguine.

459 — Jeune Fille à mi-corps.

Au crayon noir et à la sanguine.

460 — Tête de Femme vue de face.

Aux trois crayons.

461 — Comédiens.

Deux dessins à la plume, au recto et verso de la même feuille.

WILLE (P.-A.), fils

462 — Huit bustes d'hommes et femmes, sur la même feuille.

Très-beau dessin à la plume, signé et daté de l'an xi.

WOUWERMANS (Ph.)

463 — Halte de seigneurs à la porte d'une auberge.

A l'encre de Chine.

WYNANTS (J.)

464 — Paysage; sur la gauche, on aperçoit un clocher.

Au lavis.

465 — Petit Paysage.

A l'aquarelle.

XAVERY (Jacob)

466 — Corbeille de fleurs.
À l'aquarelle ; signé.

ZAMPIERI (Dominique), dit le Dominiquin

467 — Énée sauvant son père Anchise.
Très-beau dessin à la plume, lavé de bistre.

468 — Paysage avec figures au milieu.
Beau dessin à la plume.

469 — Montants d'ornements, avec figures d'enfants.
Quatre beaux dessins à la plume, lavés à l'encre de Chine.

470 — Étude d'arbres. — Paysages.
Quatre dessins à la plume.

471 — Paysage avec fabriques.
Trois dessins à la plume.

472 — Fragment d'une composition pour Apollon écorchant Marsyas.
À la plume, lavé.

473 — Sous ce numéro seront vendus plusieurs lots de dessins non catalogués.

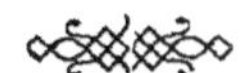

Renou et Maulde, imprimeurs de la Compagnie des Commissaires-Priseurs, rue de Rivoli, 144. 50829

* 9 7 8 2 0 1 3 4 0 4 6 4 8 *